小跳豆 Jumping Bean 幼兒 禮貌 故事系列

在公園要有禮

U0114889

新雅文化事業有限公司
www.sunya.com.hk

小跳豆
幼兒禮貌故事系列
跟着跳跳豆和糖糖豆養成良好禮儀！

在幼兒的成長關鍵期，父母不僅要關注他們的腦力發展，更要讓他們養成有禮好習慣。但是，爸爸媽媽如何在愛護孩子的同時，避免養成「小王子」和「小公主」呢？

《小跳豆幼兒禮貌故事系列》共6冊，透過跳跳豆和糖糖豆的日常生活經歷，帶領孩子在不同場合中，包括：在學校時、吃飯時、客人來了時、乘車時、在公園時和在圖書館時，學習保持有禮的態度和適當的行為處事方法，讓孩子從小建立良好的品格。除了言教之外，更重要的是，父母要以身作則，為孩子樹立有禮貌的好榜樣。早上見到孩子應先說「早晨」；讓孩子取東西時，要說「請」、「謝謝」；做得不對時，要說「對不起」……這樣久而久之，孩子就會自自然然養成有禮貌的好習慣。

書後設有「親子小遊戲」，加強孩子的禮貌常識，培養他們正確的待人處事態度。「有禮評分區」讓孩子給自己的日常表現評評分，鼓勵他們自我反思，促進個人成長。

新雅・點讀樂園 升級功能

讓親子閱讀更有趣！

　　本系列屬「新雅點讀樂園」產品之一，若配備新雅點讀筆，爸媽和孩子可以使用全書的點讀和錄音功能，聆聽粵語朗讀故事、粵語講故事和普通話朗讀故事，亦能點選圖中的角色，聆聽對白，生動地演繹出每個故事，讓孩子隨着聲音，進入豐富多彩的故事世界，而且更可錄下爸媽和孩子的聲音來說故事，增添親子閱讀的趣味！

　　「新雅點讀樂園」產品包括語文學習類、親子故事和知識類等圖書，種類豐富，旨在透過聲音和互動功能帶動孩子學習，提升他們的學習動機與趣味！

想了解更多新雅的點讀產品，請瀏覽新雅網頁(www.sunya.com.hk)或掃描右邊的QR code進入 新雅・點讀樂園 。

如何使用新雅點讀筆閱讀故事？

1. 下載本故事系列的點讀筆檔案

▢ 瀏覽新雅網頁(www.sunya.com.hk) 或掃描右邊的QR code 進入  。

▢ 點選 下載點讀筆檔案 ▶ 。

▢ 依照下載區的步驟說明，點選及下載《小跳豆幼兒禮貌故事系列》的點讀筆檔案至電腦，並複製至新雅點讀筆的「BOOKS」資料夾內。

2. 啟動點讀功能

開啟點讀筆後，請點選封面右上角的 圖示，然後便可翻開書本，點選書本上的故事文字或圖畫，點讀筆便會播放相應的內容。

3. 選擇語言

如想切換播放語言，請點選內頁右上角的 粵☆普 圖示，當再次點選內頁時，點讀筆便會使用所選的語言播放點選的內容。

4.播放整個故事

如想播放整個故事，請直接點選以下圖示：

5.製作獨一無二的點讀故事書

爸媽和孩子可以各自點選以下圖示，錄下自己的聲音來說故事！

1 先點選圖示上 爸媽錄音 或 孩子錄音 的位置，再點 OK，便可錄音。

2 完成錄音後，請再次點選 OK，停止錄音。

3 最後點選 ▶ 的位置，便可播放錄音了！

4 如想再次錄音，請重複以上步驟。注意每次只保留最後一次的錄音。

每到星期天，
跳跳豆和糖糖豆
都會跟着媽媽到公園玩耍。

跳跳豆和糖糖豆喜歡到
公園內的遊樂場盪鞦韆、
溜滑梯，
有時候還會和朋友們
一起玩捉迷藏。

今天跳跳豆和糖糖豆
一踏進遊樂場，
就向着鞦韆跑過去，
可是只有一個空位子，
他們都想要玩鞦韆，
就爭吵起來。

剛好脆脆豆在旁邊盪鞦韆。
脆脆豆的媽媽說：
「你們兩個是好兄妹，
要相親相愛呀！」
跳跳豆和糖糖豆不好意思地
停了下來。

跳跳豆對糖糖豆說：

「那你先玩吧！我去溜滑梯。」

媽媽說：「跳跳豆會禮讓，

真是個好孩子。」

媽媽還提醒跳跳豆，

玩耍時要注意安全。

跳跳豆走到滑梯旁，
火火豆剛從滑梯上溜下來，
他轉身又想從滑梯爬上去
再玩一次。

跳跳豆立即走過去，說：
「火火豆，這樣玩太危險，
我和你一起去排隊吧！」

跳跳豆和火火豆
走到梯級那邊去排隊，
突然力力豆插進隊伍裏。
火火豆伸手把他推開，
力力豆哭了起來。

跳跳豆對火火豆説：
「力力豆插隊是不對的，
但是你不應該推他。
下次你可以對他説：
『請你排隊。』」

跳跳豆和火火豆
再溜下滑梯時，
剛好博士豆過來找跳跳豆
玩捉迷藏。

火火豆也想玩捉迷藏，
於是他問博士豆：
「博士豆，請問我可以一起玩嗎？」
博士豆說：
「好啊！我們一起玩吧！」

27

於是，豆豆們
一起在公園裏玩捉迷藏，
真快樂呢！

圖中的豆豆們懂得禮讓嗎？為什麼？請跟爸爸媽媽說一說。
然後告訴爸爸媽媽，豆豆們應怎樣做？

插隊和推撞他人

從滑梯爬上去，沒有排隊

爭着盪鞦韆

有禮評分區

小朋友，你會遵守公園裏的規則嗎？做得到的話，請你把👍填上顏色。然後跟爸爸媽媽說一說，你獲得多少個👍。

玩耍時，懂得排隊守秩序。

懂得禮讓，遊戲時不爭執。

懂得自制，不會到處亂跑，以免撞倒別人。

不會霸佔公園裏的遊樂設施。

愛護公物，不弄污設施。

小跳豆幼兒禮貌故事系列
在公園要有禮

原著：楊幼欣
改編：新雅編輯室
繪圖：郝敏棋
責任編輯：趙慧雅
美術設計：鄭雅玲
出版：新雅文化事業有限公司
香港英皇道499號北角工業大廈18樓
電話：(852) 2138 7998
傳真：(852) 2597 4003
網址：http://www.sunya.com.hk
電郵：marketing@sunya.com.hk
發行：香港聯合書刊物流有限公司
香港荃灣德士古道220-248號荃灣工業中心16樓
電話：(852) 2150 2100
傳真：(852) 2407 3062
電郵：info@suplogistics.com.hk
印刷：中華商務彩色印刷有限公司
香港新界大埔汀麗路36號
版次：二〇二一年五月初版
二〇二二年三月第二次印刷

ISBN: 978-962-08-7698-1
© 2021 Sun Ya Publications (HK) Ltd.
18/F, North Point Industrial Building, 499 King's Road, Hong Kong
Published in Hong Kong, China
Printed in China